Programmierlogik für KI: Einführung in die Programmierung mit Fokus auf Künstliche Intelligenz

Zusammenfassung

Kapitel 1: Einführung

Ziel: Darstellung des Inhalts und der Bedeutung der Programmierlogik für die KI-Entwicklung.

- **Einführung in die KI:** Grundkonzept, wie KI die Welt verändert und in welchen Bereichen sie angewendet wird.

- **Warum Programmierlogik für KI lernen?** Erklären Sie die Bedeutung der Logik und wie sie zur Lösung komplexer Probleme eingesetzt wird.

Kapitel 2: Grundlagen der Programmierlogik

Ziel: Den Leser in die Grundlagen der Programmierlogik einzuführen, die für jedes KI-Projekt unerlässlich ist.

- **Variablen und Operatoren**: Datentypen (Ganzzahlen, Zeichenfolgen, boolesche Werte), Variablen sowie mathematische und logische Operatoren.

- **Bedingte Strukturen**: Erläutern Sie if, else und switch mit Python-Codebeispielen.

    o *Beispiel*: Ein Programm, das prüft, ob eine Person volljährig ist.

- **Wiederholungsstrukturen**: Erklären Sie für, während und die Bedeutung von Wiederholungen in der KI.

    o *Beispiel*: Schleife, die den Durchschnitt einer Liste von Noten angibt.

- **Praktische Übung**: Erstellen Sie ein Pseudocode-Programm, das die geraden Zahlen in einer Liste überprüft.

Kapitel 3: Computational Thinking für KI

Ziel: Entwicklung der Fähigkeit, logisch und rechnerisch zu denken, um Probleme zu lösen.

- **Problemaufschlüsselung**: Zerlegung großer Probleme in kleinere, leichter zu lösende Teile.

- **Mustererkennung**: Wie man Muster in Daten identifiziert, um KI-Algorithmen zu erstellen.

- **Abstraktion und Algorithmen**: Erklären Sie, wie wichtig es ist, Details zu abstrahieren, um sich auf die Kernlogik zu konzentrieren.

- **Praktische Übung**: Erstellen Sie einen Algorithmus, der eine Zahlenfolge analysiert und Muster identifiziert (Beispiel für arithmetische Progression).

Kapitel 4: Datenstrukturen und Algorithmen

Ziel: Vermittlung von essentiellen Datenstrukturen und grundlegenden Algorithmen, die als Grundlage für KI dienen.

- **Listen, Stacks und Queues:** Erläuterung mit Beispielen und Anwendungsfällen.

- **Wörterbücher und Sets:** Nützliche Datenstrukturen für die Bearbeitung großer Informationsmengen.

- **Grundlegende Algorithmen:** Lineare Suche, binäre Suche, einfache Sortierung.

- **Praktische Übung**: Schreiben Sie ein Programm, das die größte Zahl in einer Liste mithilfe einer sich wiederholenden Struktur findet.

Kapitel 5: Klassische Algorithmen für KI

Ziel: Einführung von Algorithmen, die in der KI und verwandten Bereichen häufig eingesetzt werden.

- **Such- und Sortieralgorithmen:** Erklären Sie lineare, binäre und Sortieralgorithmen (Bubble Sort, Quicksort).

- **Anwendungen in der KI**: Praktische Beispiele, wie diese Algorithmen angewendet werden.

    o *Beispiel*: Ordnen von Daten für die Analyse in Machine Learning-Modellen.

- **Praktische Übung**: Implementieren Sie einen Sortieralgorithmus in Python.

Kapitel 6: Einführung in das maschinelle Lernen

Ziel: Einen Überblick über maschinelles Lernen und die Verwendung von Programmierlogik geben.

- **Was ist maschinelles Lernen?** Erklären Sie Supervision, Nicht-Supervision und Reinforcement Learning.

- **Erstellen eines einfachen Modells:** Erstellen Sie ein grundlegendes Klassifizierungsmodell mit realen Beispielen.

  o *Beispiel:* Klassifizieren Sie Früchte nach Größe und Farbe.

- **Praktische Übung:** Implementieren Sie ein einfaches Klassifizierungsmodell in Python.

Kapitel 7: Datenmanipulation für KI

Ziel: Erlernen der Datenmanipulation, die für die Vorverarbeitung in der KI unerlässlich ist.

- **Datenerfassung und -bereinigung:** Stellen Sie vor, wie Sie Daten bereinigen und organisieren.

- **Python-Bibliotheken:** Erläutern Sie die Verwendung von NumPy und Pandas für die Datenmanipulation.

- **Praktische Übung:** Laden Sie einen einfachen Datensatz und organisieren Sie ihn mit Pandas.

Kapitel 8: Erstellen eines einfachen KI-Modells

Ziel: Den Leser bei der Erstellung eines grundlegenden KI-Modells mithilfe von Programmierlogik anleiten.

- **Definieren des Problems und der Daten**: Identifizieren Sie das Problem, das das Modell lösen wird.

- **Modellentwicklung**: Schreiben Sie den Code für ein Basismodell.

  - *Beispiel*: Ein einfacher binärer Klassifikator.

- **Praktische Übung**: Erstellen Sie ein Modell, das simulierte Daten mit Python klassifiziert.

Kapitel 9: Debugging und logische Praktiken in der KI

Ziel: Lehren, wie man Fehler im KI-Code findet und behebt.

- **Debuggen**: Debugtechniken und -werkzeuge in Python.

- **Logikverbesserung**: So optimieren Sie die Programmierlogik für die Leistung.

- **Praktische Übung**: Ein Code mit absichtlichem Fehler, den der Leser korrigieren muss.

Kapitel 10: Fazit und nächste Schritte

Ziel: Das Gelernte zu festigen und Anweisungen für kontinuierliches Lernen zu geben.

- **Zusammenfassung der Schlüsselkonzepte**: Zusammenfassung der wichtigsten behandelten Konzepte.

- **Nächste Schritte**: Kursempfehlungen, Bücher und Ressourcen, um tiefer einzutauchen.

- **Abschließende Botschaft**: Ermutigung, KI auf der Grundlage der gewonnenen Erkenntnisse weiter zu erforschen.

Material Extra

- **Glossar**: Grundlegende Begriffe und Konzepte aus Logik und KI.
- **Referenzen und Literaturempfehlungen**: Links und Bücher zu Programmierlogik und KI.
- **Codebeispiele: Bereit zum Herunterladen von Codes in Python für das praktische Studium.**

Formatierungs- und Designtipps

- **Bilder und Diagramme**: Fügen Sie Flussdiagramme, Datentabellen und Visualisierungen zum leichteren Verständnis hinzu.
- **Hervorgehobener Code**: Formatieren von Code in klaren, gut kommentierten Blöcken.
- **Stil**: Verwenden Sie eine zugängliche und entspannte Sprache, um das Lernen zu erleichtern.

Dieses eBook ist eine großartige Einführung für alle, die Programmierung und Logik mit Schwerpunkt auf KI lernen möchten.

Kapitel 1: Einführung

1.1. Überblick über Künstliche Intelligenz (KI)

Dieses Thema soll eine Einführung in die Künstliche Intelligenz und ihre Bedeutung in der heutigen Welt bieten.

- **Definition von KI:** Erklären Sie, was Künstliche Intelligenz ist. KI ist der Bereich der Informatik, der sich der Entwicklung von Systemen widmet, die Aufgaben ausführen können, die normalerweise menschliche Intelligenz erfordern, wie z. B. Spracherkennung, Computer Vision und Entscheidungsfindung.

- **KI-Anwendungsbereiche:**

  - **Gesundheit**: Diagnose von Krankheiten, Analyse von Untersuchungen und Fernüberwachung von Patienten.

  - **Industrie und Automatisierung**: Einsatz von Robotern in Produktionslinien, Prozessoptimierung und vorausschauende Wartung.

  - **Finanzen**: Kreditanalysealgorithmen, Betrugserkennung und automatisierter Handel.

  - **Kundenservice**: Virtuelle Assistenten, Chatbots und Produktempfehlungen.

- **Die Auswirkungen von KI auf den Arbeitsmarkt und die Gesellschaft**: Erfahren Sie, wie KI neue Beschäftigungsmöglichkeiten in Bereichen wie Datenanalyse, Algorithmenentwicklung und KI-Ethik schafft und traditionelle Berufe verändert.

1.2. Die Bedeutung der Programmierlogik für KI

Hier geht es darum, die Bedeutung der Programmierlogik als Grundlage für das Verständnis und die Entwicklung von Künstlicher Intelligenz zu erklären.

- **Die Rolle der Logik bei der Problemlösung**: Die Programmierlogik ermöglicht die Erstellung strukturierter und effizienter Lösungen. In der KI ist die Fähigkeit, komplexe Probleme in logische Schritte zu zerlegen, entscheidend für den Aufbau robuster Algorithmen.

- **Warum Logik für KI-Modelle wichtig ist**:
  - **Aufbau und Implementierung von Algorithmen**: Viele KI-Algorithmen, wie z. B. neuronale Netze, Suchalgorithmen und überwachtes Lernen, beruhen auf logischen Konzepten.

  - **Entscheidungsfindung**: Logik hilft bei der Programmierung von Systemen, die in der Lage sind, regelbasierte Entscheidungen zu treffen, was eine Grundlage für die Erstellung von Modellen für maschinelles Lernen ist.

- **Praktisches Beispiel**: Stellen Sie ein einfaches Beispiel für ein System vor, das auf der Grundlage von Eingaben Entscheidungen trifft, z. B. ein Programm, das erkennt, ob eine Person je nach Alter wählen kann.

1.3. Was Sie vom E-Book erwarten können

- **Allgemeines Ziel**: Dieses E-Book lehrt Programmierlogik, die auf KI angewendet wird, indem es dem Leser hilft, die Grundlage für die Erstellung und das Verständnis von Modellen für künstliche Intelligenz zu entwickeln.

- **Wie das Buch aufgebaut ist** :
  - **Progressive Kapitel**: Jedes Kapitel ist so konzipiert, dass es eine solide Grundlage schafft und schrittweise zu angewandteren Themen wie dem maschinellen Lernen übergeht.

  - **Praktische Beispiele und Übungen**: Das Buch enthält Codebeispiele und praktische Übungen, insbesondere in Python, um das theoretische Lernen zu vertiefen.

1.4. Anforderungen und Voraussetzungen

Klären Sie Vorkenntnisse und empfohlene Tools für den Leser auf, um die Inhalte besser genießen zu können.

- **Grundkenntnisse**: Um diesem E-Book folgen zu können, sind keine fortgeschrittenen Programmierkenntnisse erforderlich. Es eignet sich für Anfänger oder Personen mit wenig Erfahrung, die sich mit der auf KI angewendeten Logik vertraut machen möchten.

- **Empfohlene Tools**: Python wird die primäre Sprache sein, die in den Beispielen verwendet wird, da sie in der KI weit verbreitet ist. Schlagen Sie vor, dass der Leser Python installiert und sich mit einem Code-Editor (z. B. Jupyter Notebook oder Visual Studio Code) vertraut macht.

- **Zusätzliche Ressourcen**:
  - **Bibliotheken**: Erklären Sie, dass im gesamten E-Book spezifische Bibliotheken verwendet werden, wie z. B. NumPy und Pandas, die nach und nach eingeführt werden.

  - **Entwicklungsumgebung**: Empfehlen Sie ein grundlegendes Setup, wie z. B. Anaconda, für die Verwaltung von Umgebungen in Python, nützlich für diejenigen, die mit der Installation von Paketen nicht vertraut sind.

1.5. Einführung in Python und Pseudocode

- **Python für KI**: Führen Sie die Python-Sprache aufgrund ihrer Einfachheit und breiten Community schnell als Top-Sprache für die KI-Entwicklung ein.

- **Pseudocode**: Erklären Sie die Bedeutung vor Pseudocode für das Erlernen der Logik, ohne sich zunächst Gedanken über die Syntax der Sprache machen zu müssen. Präsentieren Sie ein einfaches Beispiel für Pseudocode und seine Übersetzung in Python:

o **Pseudocode**: Beispiel für ein Programm, um zu prüfen, ob eine Zahl ungerade oder gerade ist.

```plaintext
SE (número MOD 2 == 0)
    ENTÃO escreva "O número é par"
SENÃO
    escreva "O número é ímpar"
```

o **Python**: Python-Code, der dem obigen Pseudocode entspricht.

```plaintext
SE (número MOD 2 == 0)
    ENTÃO escreva "O número é par"
SENÃO
    escreva "O número é ímpar"
```

- **Praktische Übung**: Erstellen Sie ein einfaches Pseudocode-Programm, damit der Leser die Bedeutung der Logik besser versteht.

1.6. Motivation und nächste Schritte

Die Reise des Lernens von Programmierung, Logik und künstlicher Intelligenz ist voller Herausforderungen und Belohnungen. Mit dem Wissen, das Sie in diesem eBook erworben haben, verfügen Sie nun über die grundlegenden Werkzeuge, um sich in die Welt der Programmierung und KI zu wagen. Das Programmieren von Logik und das Erstellen von Algorithmen sind entscheidende Fähigkeiten, die als Grundlage für alle Ihre zukünftigen Projekte und Innovationen in diesem Bereich dienen werden.

Motivation: Denken Sie daran, dass jeder große Experte für künstliche Intelligenz mit einem einfachen Schritt begonnen hat. Neugier und Beharrlichkeit sind deine besten Verbündeten. Indem Sie das Gelernte erforschen und anwenden, werden Sie neue Wege entdecken, um Probleme zu lösen und wirkungsvolle Lösungen zu schaffen. KI ist ein sich ständig weiterentwickelnder Bereich, und ihr Beitrag kann in verschiedenen Sektoren einen Unterschied machen, vom Gesundheitswesen über Bildung bis hin zur Nachhaltigkeit.

Nächste Schritte:

1. Übung: Übung ist wichtig, um Ihr Lernen zu festigen. Versuchen Sie, Programmierprobleme auf Plattformen wie HackerRank, LeetCode oder Codewars zu lösen. Dies wird nicht nur dazu beitragen, Ihre Fähigkeiten zu verbessern, sondern Sie auch auf reale Situationen vorbereiten.

2. Persönliche Projekte: Starten Sie ein persönliches Projekt, das die Konzepte verwendet, die Sie gelernt haben. Dabei kann es sich um ein einfaches Vorhersagemodell, einen Chatbot oder eine andere Anwendung handeln, die Sie interessiert. Praktische Erfahrung ist von unschätzbarem Wert.

3. Kontinuierliches Lernen: Bilden Sie sich weiter. Erwägen Sie Online-Kurse, Workshops oder Tutorials in bestimmten Bereichen der KI, z. B. maschinelles Lernen, Verarbeitung natürlicher Sprache oder neuronale Netze. Ressourcen wie Coursera, edX und Udacity bieten eine große Auswahl an Kursen für alle Niveaus.

4. Community: Treten Sie Online-Communities wie Programmierforen, LinkedIn-Gruppen oder Hackathon-Veranstaltungen bei. Der Austausch mit anderen Enthusiasten und Fachleuten kann wertvolle neue Ideen und Perspektiven liefern.

5. Erkundung von Tools und Bibliotheken: Machen Sie sich mit führenden KI-Bibliotheken wie TensorFlow, Keras und Scikit-learn vertraut. Diese Werkzeuge sind für die Erstellung komplexer Modelle von entscheidender Bedeutung und vereinfachen viele Entwicklungsprozesse.

Kapitel 2: Grundlagen der Programmierlogik

2.1. Einführung in die grundlegenden Konzepte

In diesem Thema werden die Kernelemente der Programmierlogik behandelt und erläutert, wie sie als Grundlage für die Erstellung von Algorithmen und Programmen dienen.

- **Was ist Programmierlogik?** Definieren Sie Programmierlogik als den Satz von Anweisungen, die logisch organisiert sind, um ein bestimmtes Problem zu lösen. Programmierung ist im Wesentlichen eine Möglichkeit, Lösungen anhand einer Reihe von Regeln und Frameworks zu beschreiben.

- **Pseudocode als Planungstool**: Erläutern Sie die Bedeutung von Pseudocode für die Planungslogik, bevor Sie den endgültigen Code schreiben. Geben Sie einfache Beispiele und ermutigen Sie den Leser, seine Ideen mit Pseudocode zu skizzieren, bevor er in Python programmiert.

2.2. Variablen und Datentypen

Führen Sie die gebräuchlichsten Variablenkonzepte und Datentypen in der Programmierung ein.

- **Variablen**: Erklären Sie, was eine Variable ist (eine "Box" zum Speichern von Werten) und wie man eine Variable in Python deklariert. Zeigen Sie Beispiele für das Definieren von Variablen und das Zuweisen von Werten:

```python
nome = "Maria"
idade = 25
altura = 1.70
```

- **Arten von Daten:**

  - **Ganzzahl** (int): Ganze Zahlen, z. B. -1, 0, 5.

  - **Gleitkommazahlen** : Dezimalzahlen, z. B. 2,5 oder 3,14.

  - **Zeichenfolge** (str): Textzeichenfolgen, z. B. "Hallo, Welt!".

  - **Boolean** : Logische Werte, Wahr oder Falsch, die in Bedingungen verwendet werden.

- **Übung**: Erstellen Sie Variablen, um den Namen, das Alter und die Größe einer Person zu speichern, und drucken Sie diese Werte in der Konsole aus.

2.3. Mathematische und logische Operatoren

Erläutern Sie an dieser Stelle die Operatoren, die beim Bearbeiten von Daten und Erstellen von Bedingungen helfen.

- **Mathematische Operatoren:**

  - **Addition** (+), **Subtraktion** (-), **Multiplikation** (*), **Division** (/).

  - **Modulus** (%): Gibt den Rest der Division zwischen zwei Zahlen zurück.

  - *Beispiel*: Berechnen Sie den Durchschnitt von drei Zahlen.

- **Logische Operatoren:**

  - **E** : Gibt True zurück, wenn beide Bedingungen wahr sind.

  - **OR** : Gibt True zurück, wenn eine der beiden Bedingungen wahr ist.

  - **NOT** : Kehrt den Wahrheitswert um.

  - *Beispiel*: Erstellen Sie eine Bedingung, die überprüft, ob ein Alter zwischen 18 und 65 Jahren liegt.

- **Praktische Übung**: Erstellen Sie ein Programm, das zwei Zahlen vom Benutzer erhält und überprüft, ob beide gerade sind.

2.4. Bedingte Strukturen

Bedingte Frameworks sind entscheidend für die Entscheidungsfindung in Programmen. Erläutern Sie, wie Sie sie verwenden, um verschiedene Pfade in Ihrem Code zu erstellen.

- **If- und** else-Struktur:
    - Funktionsweise der if-Bedingung: Wenn eine Bedingung wahr ist, führt sie einen Codeblock aus. Andernfalls springt er zum nächsten Block.

    - **Beispiel**: Prüfung, ob eine Person volljährig ist.

```python
idade = int(input("Digite sua idade: "))
if idade >= 18:
    print("Você é maior de idade.")
else:
    print("Você é menor de idade.")
```

ELIF-Struktur:

- Wenn wir mehrere Bedingungen haben, können wir elif verwenden, um weitere Pfade zu erstellen.

- **Beispiel**: Prüfen Sie, ob eine Note für das Bestehen, Abrufen oder Nichtbestehen ausreicht.

```python
nota = float(input("Digite sua nota: "))
if nota >= 7.0:
    print("Aprovado")
elif nota >= 5.0:
    print("Recuperação")
else:
    print("Reprovado")
```

- **Praktische Übung**: Schreiben Sie ein Programm, das den Benutzer nach seinem Alter fragt und je nach Alter eine andere Nachricht ausgibt (z. B. minderjährig, erwachsen oder älter).

2.5. Wiederholungs-Strukturen

Wiederholungs-Frameworks ermöglichen es, Codeblöcke mehrfach auszuführen, was für die Datenmanipulation in der KI unerlässlich ist.

- **Schlaufe für**:

    o Erklären Sie die for-Schleife in Python, die zum Iterieren von Sequenzen verwendet wird.

    o **Beispiel**: Durchlaufen Sie eine Liste von Zahlen, und geben Sie jede einzelne aus.

```python
numeros = [1, 2, 3, 4, 5]
for numero in numeros:
    print(numero)
```

Laço währenddessen:

- Erläutern Sie die while-Schleife, die so lange wiederholt wird, wie eine Bedingung wahr ist.

- **Beispiel:** Verwenden Sie while, um bis 10 zu zählen.

```python
contador = 1
while contador <= 10:
    print(contador)
    contador += 1
```

- **Praktische Übung:** Erstellen Sie ein Programm, das den Benutzer auffordert, ein Passwort einzugeben und die Anfrage so lange wiederholt, bis das richtige Passwort eingegeben wird.

2.6. Funktionen: Modularisierung des Codes

Lernen Sie, wie Sie Funktionen erstellen, um Code in wiederverwendbare Blöcke zu organisieren.

- **Was ist eine Funktion?:** Funktionen ermöglichen es Ihnen, eine Reihe von Befehlen in einer "Box" zu gruppieren, die bei Bedarf aufgerufen werden kann.

- **Definieren von Funktionen in Python:**

   o   Syntax einer Funktion: def nome_funcao():

   o   **Beispiel:** Funktion zur Anzeige einer Willkommensnachricht.

```python
def boas_vindas():
    print("Bem-vindo ao sistema!")
```

Funktionen mit Parametern:

- Erläutern, wie Informationen an eine Funktion übergeben und Werte zurückgegeben werden.

- **Beispiel**: Funktion zum Addieren von zwei Zahlen

```python
def soma(a, b):
    return a + b
resultado = soma(3, 5)
print(resultado)
```

- **Praktische Übung**: Erstellen Sie eine Funkt on, die eine Zahl annimmt und zurückgibt, ob sie ungerade oder gerade ist.

2.7. Praktische Übungen und Problemlösung

Beenden Sie das Kapitel mit praktischen Übungen, die helfen, das Gelernte zu festigen.

1. **Bedingte Übung**: Schreiben Sie ein Programm, das nach einer Punktzahl von 0 bis 10 fragt und zurückgibt, ob die Punktzahl "niedrig" (0-5), "mittel" (5-7) oder "hoch" (7-10) ist.

2. **Lasso für** Übungen: Erstellen Sie ein Programm, das eine Liste von Zahlen verwendet und den Durchschnitt berechnet.

3. **Übung mit Funktionen**: Schreiben Sie eine Funktion, die zwei Zahlen nimmt und die größere zwischen ihnen zurückgibt.

4. **Integrationsübung**: Bitten Sie den Benutzer, eine Liste von ganzen Zahlen einzugeben. Erstellen Sie mit den Funktionen for, if und eine Funktion, die anzeigt, wie viele Zahlen gerade und wie viele ungerade sind.

2.8. Schlußfolgerung des Kapitels

Kapitel 2 befasste sich mit der Programmierlogik und der Konstruktion von Algorithmen, grundlegenden Konzepten, die das Rückgrat jeder Entwicklung im Bereich der künstlichen Intelligenz bilden. Programmierlogik ist unerlässlich, um zu verstehen, wie Probleme strukturiert und effektiv gelöst werden können, und ermöglicht es Programmierern, reale Probleme in rechnerische Lösungen zu übersetzen.

In diesem Kapitel erfuhren die Leser, wie wichtig es ist, Algorithmen mithilfe von Flussdiagrammen und Pseudocode klar darzustellen. Diese Methoden erleichtern nicht nur die Planung von Lösungen, sondern helfen auch, komplexe Ideen auf zugängliche Weise zu kommunizieren. Die Einführung in das Konzept der Algorithmen, einschließlich ihrer Definition und Eigenschaften, hat eine solide Grundlage für das Verständnis geschaffen, wie verschiedene Ansätze zur Lösung spezifischer Probleme eingesetzt werden können.

Darüber hinaus wurden durch die Diskussion grundlegender Operationen und Steuerungsstrukturen praktische Werkzeuge bereitgestellt, die in einer Vielzahl von Programmierszenarien angewendet werden können. Die Beispiele und praktischen Übungen trugen dazu bei, dieses Wissen zu festigen, so dass die Leser ihre eigenen Fähigkeiten beim Erstellen von Algorithmen entwickeln konnten.

Mit dem in diesem Kapitel gewonnenen Verständnis sind die Leser gut vorbereitet, um zur nächsten Stufe vorzudringen, in der wir die wesentlichen Datenstrukturen und Algorithmen untersuchen werden, die für die Datenmanipulation und -analyse in Projekten der künstlichen Intelligenz unerlässlich sind. Dieser Fortschritt wird sicherstellen, dass die Leser mit den Fähigkeiten ausgestattet sind, die sie benötigen, um die komplexesten KI-Herausforderungen zu bewältigen.

Kapitel 3: Datenstrukturen und Datenmanipulation

3.1. Einführung in die Datenstrukturen

In diesem Thema wird das Konzept der Datenstrukturen vorgestellt und erläutert, wie wichtig es ist, Daten effizient zu organisieren.

- **Was sind Datenstrukturen?** Erklären Sie, dass Datenstrukturen spezialisierte Formate zum Speichern und Organisieren von Informationen sind, die einen effizienten Zugriff auf Daten und deren Bearbeitung ermöglichen.

- **Bedeutung für KI:** In der künstlichen Intelligenz ist der Umgang mit großen Datenmengen üblich. Datenstrukturen helfen dabei, diese Informationen schnell zu organisieren und zu verarbeiten, und sind für die Leistung von Algorithmen unerlässlich.

3.2. Listen

Beginnen Sie mit der Einführung von Listen, einem der grundlegendsten und am weitesten verbreiteten Frameworks in Python.

- **Was ist eine Liste?** Erläutern Sie, dass Listen geordnete Sammlungen von Elementen sind, die geändert werden können. Sie ermöglichen es Ihnen, verschiedene Arten von Daten zu speichern, z. B. Zahlen und Zeichenfolgen.

- **Grundlegende Vorgänge mit Listen**:

    - **Erstellen einer Liste**: *Zahlen = [1, 2, 3, 4, 5]*

    - **Zugriff auf Elemente**: *Numbers[0] (erstes Element)*

    - **Ändern von Elementen**: *numbers[2] = 10*

    - **Hinzufügen und Entfernen von Elementen**: *numbers.append(6), numbers.remove(10)*

- **Praktisches Beispiel**: Erstellen Sie eine Liste mit Namen und drucken Sie für jeden Namen eine benutzerdefinierte Nachricht mit einer for-Schleife.

- **Praktische Übung**: Erstellen Sie ein Programm, das eine Liste von Zahlen erhält und die Summe aller Elemente berechnet.

3.3. Tupel

Tupel ähneln Listen, sind jedoch unveränderlich, was sie zum Speichern von Daten nützlich macht, die nicht geändert werden sollten.

- **Was ist ein Tupel?** Ein Tupel ist eine Sequenz von Elementen, die nach der Erstellung nicht mehr geändert werden können.

- **Tupel-Beispiel**: *Koordinaten = (10, 20)*

- **Vorteile von Tupeln**: Tupel sind in Bezug auf die Leistung effizienter und werden verwendet, um Daten darzustellen, die konstant bleiben müssen.

- **Praktisches Beispiel**: Erstellen Sie ein Tupel, um ein Datum (Tag, Monat, Jahr) darzustellen, und drucken Sie jedes Element separat.

3.4. Wörterbücher

Wörterbücher sind Datenstrukturen, in denen Schlüssel-Wert-Paare gespeichert werden und die für die organisierte Darstellung von Informationen nützlich sind.

- **Was ist ein Wörterbuch?** Wörterbücher speichern Daten mithilfe von Schlüssel-Wert-Paaren. Sie werden verwendet, um Daten assoziativ darzustellen, z. B. ein Kontaktbuch.

- **Erstellen und Bearbeiten von Wörterbüchern**:

  - **Beispiel Wörterbuch**: *contact = {'name': 'John', 'age': 25, 'phone': '1234-5678'}*

  - **Zugriff auf Werte**: *contact['name']*

- o **Hinzufügen und Entfernen von Elementen**: *contact['email'] = 'joao@email.com', del contact['phone']*
- **Praktisches Beispiel**: Erstellen Sie ein Wörterbuch, um die Informationen eines Schülers (Name, Alter, Kurs) zu speichern und diese Informationen auszudrucken.
- **Praktische Übung**: Erstellen Sie ein Wörterbuch, um ein Produkt darzustellen (Name, Preis, Lagermenge) und implementieren Sie ein Programm, das den Gesamtwert des Inventars berechnet.

3.5. Sätze

Sets sind Datenstrukturen, in denen einzelne Elemente in keiner bestimmten Reihenfolge gespeichert werden.

- **Was ist ein Set?** Sets speichern einzelne Elemente und werden für Operationen wie Verbinden und Überschneiden verwendet.
- **Erstellen und Bearbeiten von Sets**:
    - o **Set Beispiel**: *Zahlen = {1, 2, 3, 4}*
    - o **Operationen mit Mengen**:
        - **Union**: *A | Vgl.*
        - **Schnittpunkt**: *A&B*
        - **Unterschied**: *A - B*
- **Praktisches Beispiel**: Erstellen Sie zwei Zahlensätze, und zeigen Sie die Vereinigung und den Schnittpunkt zwischen ihnen an.
- **Praktische Übung**: Erstellen Sie eine Liste von Namen mit Wiederholungen, erstellen Sie eine Menge mit den eindeutigen Namen und zeigen Sie diese an.

3.6. Datenmanipulation mit List Comprehension

List-Comprehensions sind eine prägnante und effiziente Möglichkeit, Listen in Python zu erstellen und zu bearbeiten.

- **Was ist Listenverständnis?**: List Comprehension ist eine Möglichkeit, Listen in einer einzigen Codezeile zu generieren und so Datenfilter- und Transformationsvorgänge zu erleichtern.

- **Grundlegende Syntax:**

    - **Beispiel**: squares = [x**2 für x im Bereich(10)] (Liste der Quadrate der Zahlen 0 bis 9)

- **Praktisches Beispiel**: Erstellen Sie eine Liste mit geraden Zahlen von 0 bis 20 mithilfe des Listenverständnisses.

- **Praktische Übung**: Erstellen Sie mit Hilfe des Listenverständnisses eine Liste mit den Namen einer ursprünglichen Liste, die mit einem bestimmten Buchstaben beginnen.

3.7. Aggregationsfunktionen und grundlegende Statistiken

Zeigen Sie, wie Sie grundlegende Statistiken, wie z. B. Durchschnitt und Summe, mithilfe von Listen berechnen.

- **Aggregationsfunktionen:**

    - **Soma**: sum(liste)

    - **Höchster und niedrigster Wert**: max(list), min(list)

    - **Länge der Liste**: len(list)

- **Grundlegende Statistiken:**

    - **Medien**: sum(list) / len(list)

- **Praxisbeispiel**: Berechnen Sie den Durchschnitt einer Altersliste einer Gruppe von Personen.

- **Praktische Übung**: Erstellen Sie eine Liste der in einer Woche aufgezeichneten Temperaturen und finden Sie die höchsten, niedrigsten und durchschnittlichen Temperaturen.

3.8. String-Manipulation

Lernen Sie, wie Sie mit Zeichenfolgen arbeiten, einschließlich allgemeiner Textbearbeitungsvorgänge.

- **Grundlegende String-Operationen**:

  - **Verkettung**: nome_completo = Vorname + " " + Nachname

  - **Schneiden**: Text[0:5]

  - **String-Methoden**: text.lower(), text.upper(), text.replace('a', 'e')

- **Praktisches Beispiel**: Rufen Sie den vollständigen Namen eines Benutzers ab und zeigen Sie den Namen in Groß- und Kleinbuchstaben an.

- **Praktische Übung**: Empfangen Sie einen Satz vom Benutzer und zählen Sie, wie viele Wörter in diesem Satz enthalten sind.

3.9. Praktische Integrationsübungen

Schlagen Sie Übungen vor, die die Verwendung der in diesem Kapitel vorgestellten Datenstrukturen integrieren.

1. **Contact Manager**: Erstellen Sie ein Wörterbuch, in dem die Tasten die Namen der Personen und die Werte die Telefone sind. Erlauben Sie dem Benutzer, Kontakte hinzuzufügen, zu bearbeiten und zu entfernen.

2. **Verkaufsbericht**: Erstellen Sie ein Programm, das Produkte in einem Wörterbuch speichert, wobei jeder Schlüssel der Name des Produkts und der Betrag der Gesamtumsatz ist. Erlauben Sie dem Benutzer, Verkäufe hinzuzufügen und den Gesamtumsatz am Ende zu berechnen.

3. **Operationen mit Sets**: Erstellen Sie zwei Sets mit Fruchtnamen und finden Sie heraus, welche Früchte in beiden Sets enthalten sind, welche nur im ersten Set und welche nur im zweiten.

3.10. Schlußfolgerung des Kapitels

In Kapitel 3 wurden die grundlegenden Konzepte der Programmierung vorgestellt, die für den Aufbau von Systemen der künstlichen Intelligenz unerlässlich sind. Durch die Erforschung von Programmierlogik, Variablen, bedingten Strukturen, Schleifen und Funktionen wurden die Leser mit den grundlegenden Werkzeugen vertraut gemacht, die die Implementierung von KI-Algorithmen und -Modellen ermöglichen.

Das Verständnis der Logik hinter der Programmierung ist entscheidend für die Entwicklung von Lösungen, die komplexe Probleme lösen können. Bedingte Strukturen und Schleifen sind beispielsweise entscheidend für die Entscheidungsfindung und Iteration in Prozessen, die große Datensätze umfassen. Darüber hinaus förderte die Einführung von Funktionen die Modularität und die Wiederverwendung von Code, Prinzipien, die in größeren Programmierprojekten von entscheidender Bedeutung sind.

Dieses Kapitel enthielt auch praktische Übungen, die das Lernen verstärkten, indem sie es den Lesern ermöglichten, die Theorie konkret anzuwenden. Am Ende dieses Kapitels haben die Leser ein solides Verständnis der Grundprinzipien der Programmierung, das sie auf den nächsten Schritt auf ihrer Reise vorbereitet: die Erforschung von Datenstrukturen und Algorithmen, die für künstliche Intelligenz entscheidend sind. Diese logische Weiterentwicklung stellt sicher, dass sie gut gerüstet sind, um die komplexeren Herausforderungen zu bewältigen, die auf sie zukommen werden, wenn sie ihr Wissen über KI vertiefen.

Kapitel 4: Algorithmen und Kontrollstrukturen

4.1. Was ist ein Algorithmus?

In diesem Thema stellen Sie das Konzept des Algorithmus und seine Bedeutung in der Programmierung und KI vor.

- **Definition des Algorithmus:** Erklären Sie, dass ein Algorithmus eine Abfolge von Anweisungen zur Lösung eines bestimmten Problems ist. Jeder Schritt des Algorithmus muss klar und in endlicher Zeit ausführbar sein.

- **Bedeutung von Algorithmen für die KI:** Algorithmen sind in der KI von grundlegender Bedeutung, da sie es Ihnen ermöglichen, Daten zu verarbeiten, Entscheidungen zu treffen und komplexe Probleme zu lösen.

- **Beispiel:** Demonstrieren Sie einen einfachen Algorithmus für die Mittelung von drei Zahlen.

4.2. Sequenzielle, bedingte und Wiederholungsstrukturen

Stellen Sie die drei wichtigsten Kontrollstrukturen vor, die in Algorithmen verwendet werden: Sequenz, Auswahl und Wiederholung.

- **Sequenzielle Strukturen:** Erklären Sie, wie die sequentielle Ausführung von Anweisungen die Grundlage eines jeden Programms ist, wobei Befehle in einer bestimmten Reihenfolge ausgeführt werden.

- **Bedingte Strukturen (Auswahl):**

    o **If-Else:** Zeigt, wie Bedingungen mit if, else und elif erstellt werden.

    o **Beispiel:** Feststellung, ob eine Person aufgrund ihres Alters volljährig ist.

```python
idade = int(input("Digite sua idade: "))
if idade >= 18:
    print("Maior de idade")
else:
    print("Menor de idade")
```

- **Wiederholungsstrukturen (Schleifen):**

    o **For** und **While**: Erläutern Sie, wie for verwendet wird, um über
      Sequenzen zu iterieren, und while, um einen Codeblock zu
      wiederholen, solange eine Bedingung wahr ist.

    o **Beispiel**: Verwenden Sie eine for-Schleife, um alle Zahlen in
      einer Liste zu summieren, und eine while-Schleife, um einen
      Zähler bis zu einer bestimmten Zahl zu simulieren.

4.3. Aufbau und Darstellung von Algorithmen

Erläutern Sie, wie Algorithmen mithilfe von Flussdiagrammen und Pseudocode
erstellt und dargestellt werden.

- **Pseudocode**: Beschreiben Sie Pseudocode als Werkzeug zum Planen
  von Algorithmen vor der Implementierung von tatsächlichem Code.
  Zeigen Sie grundlegende Beispiele, z. B. Pseudocode zum Quadratieren
  einer Zahl.

- **Flussdiagramme**:

    o Führen Sie die Verwendung von Flussdiagrammen ein, um den
      Kontrollfluss von Algorithmen visuell darzustellen.

    o **Beispiel für ein Flussdiagramm**: Erstellen Sie ein einfaches
      Flussdiagramm, um zu entscheiden, ob eine Zahl ungerade oder
      gerade ist.

- **Praktische Übung**: Bitten Sie den Leser, ein Flussdiagramm zu zeichnen und Pseudocode zu schreiben, um festzustellen, ob eine Zahl positiv, negativ oder null ist.

4.4. Sortieralgorithmen

Führen Sie Sortieralgorithmen wie Bubble Sort ein, um dem Leser etwas über die Datenorganisation beizubringen.

- **Bubble-Sortierung**:
  - Erläutern Sie, wie Bubble Sort als grundlegender Sortieralgorithmus funktioniert, der benachbarte Elemente vergleicht und austauscht.
  - **Beispiel**: Sortieren Sie eine Liste von Zahlen in aufsteigender Reihenfolge mit Bubble Sort.

- **Andere Sortieralgorithmen**:
  - Erwähnen Sie andere Algorithmen, wie z. B. Selection Sort und Insertion Sort, und heben Sie hervor, dass fortschrittlichere Algorithmen (wie Quick Sort und Merge Sort) in der KI verwendet werden, um große Datenmengen zu bearbeiten.

- **Praktische Übung**: Implementieren Sie Bubble Sort in Python, um eine vom Benutzer bereitgestellte Liste von Zahlen zu sortieren.

4.5. Suchalgorithmen

Erläutern Sie Suchalgorithmen wie die lineare Suche und die binäre Suche, die zum Auffinden von Elementen in einer Datensammlung verwendet werden.

- **Busca Linear**:
  - Die lineare Suche durchläuft jedes Element einer Liste, bis der gewünschte Wert gefunden wird.

- o **Beispiel**: Schreiben Sie eine lineare Suchfunktion, die eine bestimmte Zahl in einer Liste findet.

- **Binäre Suche**:

  - o Die binäre Suche ist ein effizienterer Algorithmus für geordnete Listen, der die Liste in Teile unterteilt und die Anzahl der Vergleiche reduziert.

  - o **Beispiel**: Demonstrieren Sie die binäre Suche, um ein Element in einer geordneten Liste zu finden.

- **Praktische Übung**: Implementieren Sie eine lineare Suche und eine binäre Suche nach einer Zahl in einer Liste von ganzen Zahlen und vergleichen Sie die Effizienz der beiden Methoden.

4.6. Rekursive Algorithmen

Führen Sie die Rekursion als wichtige Technik zur Lösung von Problemen ein, indem Sie sie in kleinere Teilprobleme unterteilen.

- **Was ist Rekursion?**: Erklären Sie die Rekursion als die Technik, bei der sich eine Funktion selbst aufruft, um ein Problem zu lösen.

- **Rekursionsbeispiel**: Berechnen Sie die Fakultät einer Zahl mit einer rekursiven Funktion.

```python
def fatorial(n):
    if n == 0:
        return 1
    else:
        return n * fatorial(n - 1)
```

- **Anwendung in der KI:** Diskutieren Sie, wie Rekursion in der KI verwendet wird, um komplexe Probleme zu lösen, z. B. in Suchalgorithmen und Entscheidungsbäumen.

- **Praktische Übung:** Erstellen Sie eine rekursive Funktion zur Berechnung der Fakultät einer Zahl und eine Funktion zur Berechnung der Fibonacci-Folge.

4.7. Erweiterte Steuerungsstrukturen: Lambda-, Map-, Filter- und Reduce-Funktionen

Führen Sie funktionale Funktionen und Operationen in Python ein, die für die Verarbeitung von Daten in KI nützlich sind.

- **Lambda-Funktionen:**

  - Erläutern Sie die Verwendung von Lambda-Funktionen, bei denen es sich in Python um anonyme Funktionen handelt.

  - **Beispiel:** Erstellen Sie eine Lambda-Funktion, um eine Zahl zu quadrieren: quadrat = lambda x: x**2.

- **Map-, Filter- und Reduce-Funktionen:**

  - **Map:** Wendet eine Funktion auf jedes Element in einer Liste an.

  - **Filter:** Filtert Elemente in einer Liste basierend auf einer Bedingung.

  - **Reduzieren:** Reduziert eine Liste mithilfe einer kumulativen Funktion auf einen einzelnen Wert.

- **Praktisches Beispiel:** Verwenden Sie map, um die Werte einer Liste zu verdoppeln, filtern, um nur gerade Zahlen beizubehalten, und reduzieren, um das Produkt der Zahlen in einer Liste zu berechnen.

- **Praktische Übung:** Erstellen Sie eine Liste von Zahlen und verwenden Sie Lambda-Funktionen mit map, filter und reduce, um Datenmanipulationsvorgänge durchzuführen.

4.8. Praktische Integrationsübungen

Schlagen Sie Übungen vor, die die kombinierte Anwendung der erlernten Algorithmen und Kontrollstrukturen erfordern.

1. **Temperaturaufzeichnungssystem**: Erstellen Sie ein Programm, das die Tagestemperaturen aufzeichnet und es Ihnen ermöglicht, den wöchentlichen Durchschnitt, die Höchst- und Tiefsttemperatur mithilfe von Funktionen und bedingten Strukturen zu berechnen.

2. **Suchen und Sortieren von Listen**: Implementieren Sie eine Funktion zum Sortieren einer Liste von Namen und eine weitere Funktion zum Suchen nach einem bestimmten Namen mithilfe der binären Suche.

3. **Faktorieller und Fibonacci-Rechner**: Implementieren Sie rekursive und with for-Funktionen, um die faktorielle und Fibonacci-Folge zu berechnen und die Effizienz jedes Ansatzes zu vergleichen.

4. **Analyse der Schülernoten**: Erstellen Sie ein Programm, das die Noten einer Klasse nimmt, den Durchschnitt berechnet, den Schüler mit der höchsten Note identifiziert und mithilfe von Filtern und Lambda überprüft, wie viele Schüler über dem Durchschnitt lagen.

4.9. Abschluss des Kapitels

Kapitel 4 befasste sich mit den grundlegenden Datenstrukturen und Algorithmen, die für die Entwicklung von Anwendungen der künstlichen Intelligenz entscheidend sind. Zu verstehen, wie und wann Strukturen wie Listen, Stacks, Warteschlangen, Sets und Wörterbücher verwendet werden sollten, ist für eine effiziente Datenmanipulation unerlässlich, was eine der Säulen der Arbeit mit KI ist.

Darüber hinaus untersuchen wir gängige Algorithmen, die in diesen Frameworks arbeiten und eine solide Grundlage für die Implementierung von maschinellem Lernen und Datenverarbeitungstechniken bieten. Die Beherrschung dieser Frameworks und Algorithmen erleichtert nicht nur die Implementierung von KI-Lösungen, sondern verbessert auch die Effizienz und Leistung von Systemen, sodass sie große Datenmengen effektiv verarbeiten können.

In diesem Kapitel wurden die Leser mit dem notwendigen Wissen ausgestattet, um diese Rahmenwerke in ihren Projekten praktisch anzuwenden. Mit dieser Grundlage sind wir bereit, zum nächsten Kapitel überzugehen, in dem wir die Entwicklung von KI-Algorithmen untersuchen und uns mit Techniken befassen, die die Erstellung intelligenter und adaptiver Modelle ermöglichen.

Kapitel 5: Einführung in die Algorithmenentwicklung für Künstliche Intelligenz

5.1. Was ist ein KI-Algorithmus?

Beginnen Sie damit, die Definition eines KI-Algorithmus zu erklären und zu erklären, wie er sich von einem herkömmlichen Algorithmus unterscheidet.

- **Definition des KI-Algorithmus**: Ein KI-Algorithmus ist eine Reihe von Anweisungen, die es einem System ermöglichen, Daten zu verarbeiten, Muster zu erkennen und aus Erfahrungen zu lernen, um Aufgaben autonom auszuführen.

- **Unterschiede zu herkömmlichen Algorithmen**: Während herkömmliche Algorithmen strengen Regeln folgen, sind KI-Algorithmen flexibler und anpassungsfähiger und stützen sich auf Daten, um Entscheidungen zu treffen.

- **Gängige Beispiele für KI-Algorithmen**: Bilderkennung, Verarbeitung natürlicher Sprache und Produktempfehlungen.

5.2. Einführung in das überwachte und unüberwachte Lernen

Erläutern Sie die Konzepte des überwachten und des unüberwachten Lernens, die beiden Hauptansätze des maschinellen Lernens.

- **Überwachtes Lernen**:

    o Definition: Algorithmen, die aus gelabelten Daten lernen, d.h. bei denen das erwartete Ergebnis bereits bekannt ist.

    o Beispiele: Einstufung von E-Mails als Spam oder Nicht-Spam, Erkennung von handgeschriebenen Ziffern.

- **Unüberwachtes Lernen**:

- o Definition: Algorithmen, die aus unbeschrifteten Daten lernen und Muster und Zusammenhänge ohne direkte Anleitung erkennen.
  - o Beispiele: Gruppierung von Kunden nach Kaufpräferenzen, Analyse der Datensegmentierung.
- **Praktische Übung**: Identifizieren und klassifizieren Sie verschiedene Alltagsprobleme als überwachtes oder unüberwachtes Lernen.

5.3. Konzepte der Regression und Klassifizierung

Stellen Sie die beiden Haupttypen von Problemen beim überwachten Lernen vor: Regression und Klassifikation.

- **Regression**:
  - o Erläuterung: Die Regression wird verwendet, um kontinuierliche numerische Werte auf der Grundlage von Eingabevariablen vorherzusagen.
  - o Beispiel: Vorhersage von Immobilienpreisen basierend auf Merkmalen wie Größe, Lage und Anzahl der Schlafzimmer.
- **Klassifizierung**:
  - o Erläuterung: Die Klassifizierung wird verwendet, um Daten in diskrete Klassen zu kategorisieren.
  - o Beispiel: Identifizieren von E-Mails als "Spam" oder "kein Spam".
- **Praktische Übung**: Erstellen Sie eine Liste alltäglicher Beispiele, die Regression und Klassifizierung beinhalten, und erläutern Sie den Grund für jede Klassifizierung.

5.4. Algoritmos Comuns de IA: K-Nearest Neighbors (KNN) e K-Means

Erläutern Sie einige einführende KI- und Machine Learning-Algorithmen, wie z. B. KNN und K-Means.

- **K-Nächste Nachbarn (KNN):**

- o Definition: Ein Klassifizierungsalgorithmus, der Daten basierend auf den nächstgelegenen Beispielen im Datenraum einstuft.

- o Beispiel: Klassifizieren Sie Obstsorten nach Farbe, Gewicht und Größe unter Berücksichtigung bekannter "Nachbar"-Früchte.

- **K-bedeutet:**

  - o Definition: Ein unüberwachter Gruppierungsalgorithmus, der Daten in Gruppen (Clustern) mit ähnlichen Merkmalen organisiert.

  - o Beispiel: Gruppieren von Kunden aus einem Geschäft in Segmente basierend auf dem Kaufverhalten.

- **Praktische Übung:** Erstellen Sie einen vereinfachten Algorithmus in Python, um eine Liste von Zahlen basierend auf der Nähe der Werte in zwei Gruppen zu gruppieren.

5.5. Begriffe neuronaler Netze

Stellen Sie das Konzept der künstlichen neuronalen Netze vor, eine der leistungsstärksten Techniken in der KI.

- **Was ist ein neuronales Netzwerk?:** Neuronale Netze sind Modelle, die vom menschlichen Gehirn inspiriert sind und aus Schichten von Knoten (Neuronen) bestehen, die Informationen verarbeiten und übertragen.

- **Grundstruktur:**

  - o **Eingabe-Layer:** Hier gelangen die ersten Daten in das Netzwerk.

  - o **Hidden** Layers: Wo Datenverarbeitung und Lernen stattfinden.

  - o **Ausgabeebene:** Hier wird das Endergebnis generiert.

- **Anwendungsbeispiel:** Bilderkennung, bei der das neuronale Netz Objekte auf einem Foto identifiziert.

- **Praktische Übung:** Bitten Sie den Leser, eine Darstellung eines einfachen neuronalen Netzes mit einer Eingabeschicht, einer verborgenen Schicht und einer Ausgabeschicht zu zeichnen und jede Schicht zu beschriften.

5.6. Grundlagen der KI-Modellbewertung

Vermitteln Sie, wie wichtig es ist, KI-Modelle zu bewerten, indem Sie sich mit grundlegenden Leistungsmetriken befassen.

- **Warum Modelle evaluieren?**: Durch das Auswerten von Modellen können Sie nachvollziehen, ob der Algorithmus für das Problem, das er zu lösen versucht, genau und zuverlässig ist.

- **Gängige Metriken**:

  o **Genauigkeit**: Prozentsatz der richtigen Vorhersagen im Verhältnis zur Gesamtsumme.

  o **Genauigkeit und Abruf**: Wird verwendet, um Klassifikationsmodelle zu bewerten, insbesondere bei unausgeglichenen Datensätzen.

  o **Mittlerer absoluter Fehler (MAE)** und mittlerer **quadratischer Fehler ()**: Werden für Regressionsmodelle verwendet, um die Abweichung von Prognosen von der tatsächlichen Werten zu messen.

- **Praktisches Beispiel**: Erläutern Sie, wie die Genauigkeit für ein Modell berechnet wird, das Bilder als "Katze" oder "Hund" klassifiziert.

5.7. Vorverarbeitung von Daten

Erklären Sie, wie Sie Daten vorbereiten und bereinigen, bevor Sie KI-Algorithmen anwenden.

- **Bedeutung der Vorverarbeitung**: Rohdaten können Fehler, fehlende Werte und Inkonsistenzen enthalten, die sich auf die Leistung von Algorithmen auswirken.

- **Vorverarbeitungstechniken**:

- **Normalisierung und Standardisierung**: Passen Sie die Werte an einen gemeinsamen Bereich an, um die Modelleingaben zu standardisieren.

- **Behandlung fehlender Werte**: Ersetzen Sie fehlende Werte durch Mittelwert, Median oder einen anderen Wert.

- **Kategoriale Datencodierung**: Umwandlung von nicht-numerischen Daten in Zahlen, z. B. Umwandlung von "ja" und "nein" in 1 und 0.

- **Praktisches Beispiel**: Stellen Sie eine kurze Liste von Daten mit fehlenden Werten bereit und bitten Sie den Leser, diese auszufüllen und zu normalisieren.

5.8. Grundlegende Implementierung eines KI-Modells in Python

Stellen Sie ein grundlegendes Beispiel für die Implementierung von KI mit Python vor, um den Lesern den Einstieg in die praktische Programmierung zu erleichtern.

- **Benötigte Werkzeuge**:

  - Bibliotheken: Pandas für die Datenmanipulation, scikit-learn für grundlegende KI-Algorithmen.

- **Schritt für Schritt**:

1. **Datenimport**: Laden von Daten aus einer öffentlichen Datei oder einem öffentlichen Datensatz.

2. **Vorverarbeitung**: Bereinigen und organisieren Sie die Daten.

3. Datenaufteilung: Aufteilen von Daten in Trainings- und Testsätze.

4. **Training und Auswertung**: Anwenden eines Algorithmus (z. B. KNN) zum Trainieren des Modells und zum Auswerten der Leistung mit Testdaten.

- **Praktisches Beispiel**: Implementieren Sie ein KNN-Modell zur Klassifizierung von Blumenarten anhand des scikit-learn-Datensatzes "Iris".

5.9. Integrationsübungen

Schlagen Sie Übungen vor, die den Leser herausfordern, das Gelernte im Laufe des Kapitels anzuwenden.

1. **E-Mail-Klassifikator**: Simulieren Sie einen einfachen Klassifikator, der E-Mails als "Spam" oder "Nicht-Spam" identifiziert, indem Sie grundlegendes überwachtes Lernen verwenden.

2. **Kundengruppierung**: Entwickeln Sie ein Gruppierungsmodell, um Kundendaten basierend auf Alter und durchschnittlichen Ausgaben unter Verwendung von K-Means zu organisieren.

3. **Erkennung von Anomalien in Temperaturdaten**: Implementieren Sie einen Algorithmus, der überdurchschnittliche Werte in einer Reihe von Temperaturen erkennt, wobei ein einfacher Regressionsalgorithmus verwendet wird, um den erwarteten Wert zu schätzen.

5.10. Abschluss des Kapitels

Kapitel 5 bot eine umfassende Einführung in die Grundprinzipien der Entwicklung von Algorithmen für künstliche Intelligenz und befähigte den Leser, die Arten des maschinellen Lernens, wie überwachtes und unüberwachtes Lernen, sowie wichtige Problemansätze wie Regression und Klassifizierung zu verstehen. Diese Konzepte sind entscheidend für die Erstellung von Modellen, die aus Daten lernen und sich effektiv an sie anpassen können.

Wir erforschen essentielle Algorithmen wie K-Nearest Neighbors (KNN) und K-Means sowie künstliche neuronale Netze, die für die Weiterentwicklung der KI von grundlegender Bedeutung sind. Wir gehen auch auf die Bedeutung einer angemessenen Datenaufbereitung und Auswertungsmetriken ein, die sicherstellen, dass KI-Modelle genaue und zuverlässige Ergebnisse liefern.

Dieses Kapitel diente als wesentlicher Ausgangspunkt für die Entwicklung von KI-Algorithmen und bot dem Leser eine praktische und theoretische Grundlage. In den nächsten Kapiteln werden wir uns mit der Verwendung spezifischer Tools und Bibliotheken befassen, die es dem Leser ermöglichen, zu komplexeren und dynamischeren Projekten im Bereich der künstlichen Intelligenz überzugehen.

Kapitel 6: Maschinelles Lernen und seine Anwendungen

6.1. Was ist maschinelles Lernen?

Beginnen Sie das Kapitel mit der Definition des Konzepts des maschinellen Lernens und seiner Bedeutung im Bereich der künstlichen Intelligenz.

- **Definition**: Maschinelles Lernen ist ein Zweig der künstlichen Intelligenz, der es Systemen ermöglicht, aus Daten zu lernen, Muster zu erkennen und Entscheidungen zu treffen, ohne dass für jede Aufgabe eine explizite Programmierung erforderlich ist.

- **Wichtigkeit**: Maschinelles Lernen ist der Schlüssel zum Aufbau von Modellen, die sich an neue Informationen anpassen und ihre Leistung kontinuierlich verbessern können.

6.2. Arten der Maschinenausbildung

Erklären Sie die verschiedenen Arten des maschinellen Lernens und ihre Eigenschaften.

- **Überwachtes Lernen**:
  - **Definition**: Eine Methode, bei der das Modell mit einem Satz von beschrifteten Daten trainiert wird, d. h. jede Eingabe ist mit einer korrekten Ausgabe verknüpft.
  - **Beispiele**: Klassifizierung (z. B. Bilderkennung) und Regression (Umsatzprognose).

- **Unüberwachtes Lernen**:
  - **Definition**: Eine Methode, bei der das Modell mit unbeschrifteten Daten trainiert wird, um nach zugrunde liegenden Mustern und Strukturen zu suchen.
  - **Beispiele**: Clustering und Dimensionalitätsreduktion.

- **erstärkendes Lernen:**

  o **Definition:** Eine Methode, bei der ein Agent lernt, Entscheidungen durch Interaktionen mit einer Umgebung zu treffen, Belohnungen oder Bestrafungen zu erhalten.

  o **Beispiel:** Spiele, wie z. B. Schach oder Videospiele.

6.3. Algorithmen des maschinellen Lernens

Stellen Sie einige der am weitesten verbreiteten Algorithmen im Bereich des maschinellen Lernens vor.

- **Lineare Regression:** Eine einfache Methode zur Modellierung der Beziehung zwischen Variablen.

- **Entscheidungsbäume:** Strukturen, die Entscheidungen auf der Grundlage von Bedingungen modellieren.

- **Support Vector Machines (SVM):** Algorithmen, die für die Klassifizierung und Regression verwendet werden.

- **Neuronale Netze:** Modelle, die von der Funktionsweise des menschlichen Gehirns inspiriert sind und vor allem bei komplexen Aufgaben wie Sprach- und Bilderkennung eingesetzt werden.

6.4. Vorverarbeitung von Daten

Diskutieren Sie die Bedeutung der Datenvorverarbeitung für die Effektivität von Machine Learning-Modellen.

- **Datenbereinigung:** Entfernen doppelter Daten, Behandeln fehlender Werte und Korrigieren von Fehlern.

- **Normalisierung und Standardisierung:** Techniken zum Skalieren der Daten, um sicherzustellen, dass alle Attribute gleichermaßen zum Modell beitragen.

- **Datenaufteilung:** Die Praxis der Trennung von Daten in Trainings- und Testsätze, um die Modellleistung zu bewerten.

6.5. Anwendungen des maschinellen Lernens

Entdecken Sie einige der vielen praktischen Anwendungen des maschinellen Lernens in verschiedenen Branchen.

- **Gesundheit**: Früherkennung von Krankheiten durch die Analyse medizinischer Daten.

- **Finanzen**: Aufdeckung von Betrug bei Transaktionen und Vorhersage von Markttrends.

- **Marketing**: Analyse des Verbraucherverhaltens zur Segmentierung und Personalisierung von Kampagnen.

- **Transport**: Autonome Fahrzeuge, die maschinelles Lernen für die Navigation und Entscheidungsfindung nutzen.

6.6. Implementierung eines einfachen Modells

Schließen Sie das Kapitel mit einem praktischen Beispiel ab, wie Sie ein maschinelles Lernmodell mit Python und einer beliebten Bibliothek wie Scikit-learn implementieren können.

- **Datenimport**: Verwenden eines Datensatzes, z. B. des Iris-Sets für die Blumenklassifizierung.

- **Vorverarbeitung**: Bereinigung und Aufbereitung der Daten.

- **Modelltraining**: Erstellen und Trainieren des Modells mit beschrifteten Daten.

- **Bewertung**: Messung der Leistung des Modells anhand von Metriken wie Genauigkeit.

Schlußfolgerung von Kapitel 6

Kapitel 6 gab einen umfassenden Überblick über maschinelles Lernen, eine der Säulen der heutigen künstlichen Intelligenz. Durch die Erkundung seiner Definitionen, Typen, Algorithmen und praktischen Anwendungen haben die Leser ein solides Verständnis dafür gewonnen, wie maschinelles Lernen funktioniert und welche Bedeutung es in verschiedenen Branchen hat.

Die Konzepte des überwachten, unüberwachten und verstärkenden Lernens wurden detailliert beschrieben und bieten einen klaren Überblick darüber, wie verschiedene Ansätze zur Lösung unterschiedlicher Probleme eingesetzt werden können. Eine Einführung in grundlegende Algorithmen wie lineare Regression, Entscheidungsbäume und neuronale Netze bietet den Lesern einen Ausgangspunkt für die Implementierung praktischer Modelle.

Darüber hinaus betonte das Kapitel die Bedeutung der Datenvorverarbeitung, ein entscheidender Schritt, um sicherzustellen, dass Modelle des maschinellen Lernens genau und effizient sind. Durch das Erlernen der Bereinigung, Normalisierung und Aufteilung von Daten sind die Leser besser auf den Umgang mit realen Datensätzen vorbereitet, was für den Erfolg von KI-Projekten von entscheidender Bedeutung ist.

Durch die Präsentation eines praktischen Beispiels für die Implementierung eines einfachen Modells in Python vertiefte das Kapitel nicht nur die Theorie, sondern regte auch zur Praxis an, so dass die Leser das Gelernte in einem praktischen Kontext anwenden konnten.

Mit diesem Wissen in der Hand sind die Leser bereit, sich komplexeren und spezialisierteren Themen im Bereich des maschinellen Lernens zuzuwenden. Der nächste Schritt auf diesem Weg wird darin bestehen, sich mit fortschrittlichen Techniken zu befassen und zu erforschen, wie KI in innovative Lösungen integriert werden kann, um sie darauf vorzubereiten, Protagonisten in der technologischen Entwicklung zu werden.

Kapitel 7: Neuronale Netze und Deep Learning

7.1. Was sind neuronale Netze?

Beginnen Sie das Kapitel mit der Definition des Konzepts der neuronalen Netze und ihrer Analogie zum menschlichen Gehirn.

- **Definition**: Neuronale Netze sind Computermodelle, die von der Struktur des menschlichen Gehirns inspiriert sind und aus Schichten von Knoten (Neuronen) bestehen, die Informationen verarbeiten und aus Daten lernen.

- **Bedeutung**: Sie sind die Grundlage von Deep Learning und ermöglichen die Modellierung komplexer Zusammenhänge in großen Datenmengen.

7.2. Aufbau eines neuronalen Netzes

Beschreiben Sie die grundlegende Architektur eines neuronalen Netzwerks, einschließlich seiner Kernkomponenten.

- **Neuronen**: Grundelemente, die Berechnungen durchführen und Signale übertragen.

- **Schichten**:
  - **Eingabeschicht**: Empfängt die Eingabedaten.
  - **Hidden** Layers: Verarbeiten Sie Daten durch Gewichte und Aktivierungsfunktionen.
  - **Ausgabe-Layer**: Erzeugt das Endergebnis des Netzwerks.

- **Gewichtungen und Verzerrung**: Erläutern Sie, wie Gewichtungen die Bedeutung von Eingaben und die Rolle der Verzerrung bei der Modellierung anpassen.

7.3. Aktivierungsfunktionen

Erklären Sie Aktivierungsfunktionen und ihre Bedeutung für neuronale Netze.

- **Definition**: Funktionen, die den Output eines Neurons basierend auf seinen Eingaben bestimmen.

- **Beispiele für Funktionen**:

  - **Sigmoid**: Üblich in älteren neuronalen Netzen, kann aber das Problem des "Gradient Fading" verursachen.

  - **ReLU (Rectified Linear Unit):** Aufgrund seiner Effizienz weit verbreitet in tiefen Netzwerken.

  - **Softmax**: Wird bei Klassifizierungsproblemen mit mehreren Klassen verwendet.

7.4. Training neuronaler Netze

Behandeln Sie den Prozess des Trainings eines neuronalen Netzwerks, einschließlich der wichtigsten Schritte.

- **Forward Propagation**: Wie Daten durch das Netzwerk geleitet werden, um eine Prognose zu erstellen.

- **Verlustberechnung**: Messen, wie weit die Prognose vom tatsächlichen Wert entfernt ist.

- **Backward Propagation**: Der Prozess der Anpassung der Gewichte durch den Backpropagation-Algorithmus, wodurch die Verlustfunktion minimiert wird.

7.5. Tiefes Lernen

Definieren Sie das Konzept des Deep Learning und wie es sich auf neuronale Netze bezieht.

- **Definition**: Ein Teilbereich des maschinellen Lernens, der tiefe neuronale Netze (mit mehreren verborgenen Schichten) verwendet, um komplexe Daten zu modellieren.

- **Anwendungen**: Bilderkennung, Verarbeitung natürlicher Sprache, Spiele und mehr.

7.6. Werkzeuge und Bibliotheken für neuronale Netze

Stellen Sie einige der besten Tools und Bibliotheken vor, die zum Erstellen neuronaler Netze verwendet werden.

- **TensorFlow**: Eine der beliebtesten Bibliotheken, die von Google entwickelt wurde, zum Erstellen und Trainie ̄en von Deep-Learning-Modellen.

- **Keras**: Eine High-Level-API, die auf TensorFlow läuft und den Prozess der Erstellung neuronaler Netze vereinfacht.

- **PyTorch**: Eine von Facebook entwickelte Bibliothek, die aufgrund ihrer Flexibilität in Forschung und Wissenschaft weit verbreitet ist.

7.7. Implementierung eines einfachen neuronalen Netzes

Schließen Sie das Kapitel mit einem praktischen Beispiel ab, wie Sie ein einfaches neuronales Netzwerk mit Keras und TensorFlow implementieren können.

- **Datenimport**: Verwendung eines Datensatzes wie MNIST für die Ziffernerkennung.

- **Modellbau**: Definition der Netzwerkarchitektur, einschließlich Schichten und Aktivierungsfunktionen.

- **Kompilierung und Training**: Konfiguration des Modells und Training mit den Daten.

- **Evaluation**: Messung der Netzwerkleistung anhand eines Testdatensatzes.

Schlußfolgerung von Kapitel 7

In diesem Kapitel wurden die Leser in die Welt der neuronalen Netze und das Konzept des Deep Learning eingeführt. Das Verständnis der Struktur und Funktionsweise neuronaler Netze sowie des Trainingsprozesses bieten eine solide Grundlage für die Erstellung von Modellen, cie komplexe Probleme in einer Vielzahl von Bereichen lösen können.

Die Einführung in die verfügbaren Tools und Bibliotheken vereinfacht den Zugang zur Erstellung neuronaler Netze und fördert das Experimentieren und die praktische Anwendung der erlernten Konzepte. Das praktische Beispiel der Implementierung eines neuronalen Netzes mit Keras und TensorFlow bietet den Lesern eine wertvolle Gelegenheit zu sehen, wie die Theorie in einem realen Projekt angewendet werden kann.

Kapitel 8: Verarbeitung natürlicher Sprache (NLP)

8.1. Was ist die Verarbeitung natürlicher Sprache?

Beginnen Sie das Kapitel mit der Definition des Konzepts der Verarbeitung natürlicher Sprache und ihrer Relevanz in der Interaktion zwischen Mensch und Maschine.

- **Definition**: NLP ist ein Bereich der künstlichen Intelligenz, der sich auf die Interaktion zwischen Computern und Menschen durch natürliche Sprache konzentriert und es Maschinen ermöglicht, Text oder Sprache auf sinnvolle Weise zu verstehen, zu interpretieren und darauf zu reagieren.

- **Wichtigkeit**: NLP ist entscheidend für die Entwicklung von Anwendungen, die die Kommunikation und Analyse von Textdaten erleichtern, wie z. B. Chatbots, maschinelle Übersetzer und Empfehlungssysteme.

8.2. Komponenten der Verarbeitung natürlicher Sprache

Beschreiben Sie die Hauptkomponenten und Schritte von NLP.

- **Tokenisierung**: Der Prozess der Zerlegung eines Textes in kleinere Einheiten, wie z. B. Wörter oder Phrasen, für die Analyse.

- **Syntaktische Analyse**: Die Strukturierung von Sprache in Sätzen und die Identifizierung von Beziehungen zwischen Wörtern.

- **Semantische Analyse**: Das Verständnis der Bedeutung von Wörtern und Phrasen im Kontext.

- **Begriffsklärung**: Der Prozess der Bestimmung, welche Bedeutung ein Wort in einem bestimmten Kontext hat.

8.3. NLP-Techniken

Erklären Sie einige der Techniken und Methoden, die im NLP verwendet werden.

- **Sprachmodelle:** Algorithmen, die lernen, das nächste Wort in einer Sequenz basierend auf vorherigen Wörtern vorherzusagen. Beispiele hierfür sind N-Gramm-Modelle und rekurrente neuronale Netze (RNNs).

- **Stimmungsanalyse:** Eine Technik, die verwendet wird, um die in einem Text enthaltene Emotion oder Meinung zu bestimmen, die häufig bei der Analyse von Verbrauchermeinungen und Produktfeedback angewendet wird.

- **Extraktion benannter Entitäten :** Identifizierung und Klassifizierung von Textentitäten, z. B. Personen, Organisationen und Standorten.

8.4. Anwendungen der Verarbeitung natürlicher Sprache

Entdecken Sie einige der vielen praktischen Anwendungen von NLP.

- **Chatbots und virtuelle Assistenten:** Systeme, die mit Benutzern über natürliche Sprache interagieren und Kundensupport und Aufgabenautomatisierung bieten.

- **Maschinelle Übersetzung:** Systeme, die Text oder Sprache von einer Sprache in eine andere übersetzen, wie z. B. Google Übersetzer.

- **Textanalyse:** Tools, mit denen große Mengen an Textdaten analysiert werden können, um Erkenntnisse zu gewinnen, z. B. Umfrageberichte und Kundenfeedback.

- **Automatische Zusammenfassung:** Systeme, die prägnante Zusammenfassungen langer Texte generieren und so die Verdauung von Informationen erleichtern.

8.5. NLP-Tools und -Bibliotheken

Stellen Sie einige der wichtigsten Tools und Bibliotheken vor, die für die Verarbeitung natürlicher Sprache verwendet werden.

- **NLTK (Natural Language Toolkit):** Eine beliebte Python-Bibliothek, die Tools für die Arbeit mit Text bereitstellt, einschließlich Tokenisierung, Parsen und mehr.

- **spaCy:** Eine effiziente und schnelle NLP-Bibliothek, die mehrere Sprachen unterstützt und in Produktionsanwendungen verwendet wird.

- **Transformers:** Eine von Hugging Face entwickelte Bibliothek, die die Verwendung fortschrittlicher Sprachmodelle wie BERT und GPT für NLP-Aufgaben ermöglicht.

8.6. Implementieren eines NLP-Beispiels

Schließen Sie das Kapitel mit einem praktischen Beispiel ab, wie Sie eine einfache NLP-Aufgabe mit NLTK oder spaCy implementieren können.

- **Datenimport:** Laden einer Reihe von Textdaten (z. B. Produktbewertungen).

- **Tokenisierung und Analyse:** Anwendung von Tokenisierungs- und syntaktischen Analysetechniken, um die Struktur des Textes zu verstehen.

- **Stimmungsanalyse:** Implementierung eines einfachen Modells, um Meinungen als positiv, negativ oder neutral zu klassifizieren.

- **Anzeige der Ergebnisse:** Darstellung der Ergebnisse in einer klaren und verständlichen Weise.

Kapitel 8 Fazit

In diesem Kapitel wurden die Leser in das faszinierende Feld des Natural Language Processing (NLP) und seine Bedeutung für die Kommunikation zwischen Mensch und Maschine eingeführt. Das Verständnis von NLP-Komponenten wie Tokenisierung, syntaktischem Parsing und semantischer Analyse bietet Ihnen eine solide Grundlage für den effektiven Umgang mit Texten.

Die Erforschung von NLP-Techniken und -Anwendungen hat gezeigt, wie dieser Bereich in einer Vielzahl von Kontexten angewendet werden kann, von Chatbots über Stimmungsanalyse bis hin zur maschinellen Übersetzung. Die Einführung in die verfügbaren Tools und Bibliotheken erleichtert den Einstieg in die Entwicklung praktischer NLP-Lösungen.

Das praktische Beispiel der Implementierung einer NLP-Aufgabe bietet den Lesern die Möglichkeit, die erlernten Konzepte in einem realen Projekt anzuwenden und so ihr Verständnis und ihre Fähigkeiten zu stärken. Mit diesem Wissen sind die Leser bereit, fortgeschrittenere und innovativere Themen im Bereich der Verarbeitung natürlicher Sprache zu erforschen und zur Entwicklung immer intelligenterer und nützlicherer Systeme beizutragen.

Kapitel 9: Computer Vision

9.1. Was ist Computer Vision?

Beginnen Sie das Kapitel mit der Definition des Konzepts der Computer Vision und ihrer Bedeutung im Bereich der künstlichen Intelligenz.

- **Definition**: Computer Vision ist ein Teilgebiet der künstlichen Intelligenz, das es Maschinen ermöglicht, die visuelle Welt zu interpretieren und zu verstehen, indem sie Bilder und Videos verarbeitet, um aussagekräftige Informationen zu extrahieren.

- **Bedeutung**: Computer Vision ist entscheidend für Anwendungen, die von der Gesichtserkennung über die medizinische Bildanalyse bis hin zur autonomen Navigation reichen.

9.2. Hauptkomponenten von Computer Vision

Beschreiben Sie die wesentlichen Komponenten und Schritte von Computer Vision.

- **Bilderfassung**: Der Prozess der Bilderfassung durch Kameras oder Sensoren.

- **Bildverarbeitung**: Methoden zum Verbessern und Bearbeiten von Bildern, z. B. Filtern, Kontrastanpassung und Entfernen von Rauschen.

- **Bildanalyse**: Merkmalsextraktion und Interpretation der in den Bildern enthaltenen Daten, einschließlich Segmentierungs- und Kantenerkennungstechniken.

9.3. Computer-Vision-Techniken

Erläutern Sie einige der Techniken und Ansätze, die in der Computer Vision verwendet werden.

- **Objekterkennung**: Methoden zum Identifizieren und Lokalisieren von Objekten in einem Bild. Beispiele sind Haar Cascades und YOLO (You Only Look Once).

- **Gesichtserkennung**: Techniken, die die Identifizierung und Verifizierung von Personen anhand ihrer Gesichtszüge ermöglichen.

- **Bildsegmentierung**: Der Prozess der Aufteilung eines Bildes in wichtige Teile zur einfachen Analyse. Dies kann die Segmentierung nach Farbe, Form oder Textur umfassen.

- **Convolutional Neural Networks (CNNs):** Eine Art von neuronalen Netzwerken, die speziell für die Verarbeitung von Daten mit einer Gitterstruktur entwickelt wurden, wie z. B. Bilder, die in der Computer Vision von grundlegender Bedeutung geworden sind.

9.4. Anwendungen des maschinellen Sehens

Entdecken Sie einige der vielen praktischen Anwendungen von Computer Vision in einer Vielzahl von Branchen.

- **Bilderkennung**: Verwendung auf Social-Media-Plattformen, um Gesichter auf Fotos zu identifizieren.

- **Automaten und autonome Fahrzeuge**: Systeme, die Computer Vision nutzen, um Hindernisse zu erkennen und sich in komplexen Umgebungen zurechtzufinden.

- **Medizin**: Analyse medizinischer Bilder wie Röntgenbilder und MRTs zur Unterstützung der Diagnose.

- **Industrie und Fertigung**: Inspektion der Produktqualität durch automatisierte Kameras, die Fehler erkennen.

9.5. Werkzeuge und Bibliotheken für Computer Vision

Stellen Sie einige der wichtigsten Tools und Bibliotheken vor, die zum Entwickeln von Anwendungen für maschinelles Sehen verwendet werden.

- **OpenCV (Open Source Computer Vision Library):** Eine der beliebtesten Bibliotheken für Bildverarbeitung und Computer Vision, die Funktionen zur Bildbearbeitung und -analyse bereitstellt.

- **TensorFlow und Keras:** Werden verwendet, um Convolutional Neural Networks und andere Deep-Learning-Techn ken in der Computer Vision zu implementieren.

- **PyTorch:** Eine weitere leistungsstarke Bibliothek, die aufgrund ihrer Flexibilität und Benutzerfreundlichkeit in der Computer-Vision-Forschung weit verbreitet ist.

9.6. Implementieren eines Computer Vision Projekts

Schließen Sie das Kapitel mit einem praktischen Be spiel ab, wie Sie eine einfache Computer-Vision-Aufgabe mit OpenCV implementieren können.

- **Datenimport:** Laden eines Testbildes.

- **Bildverarbeitung:** Anwendung von Filter- und Kantenerkennungstechniken.

- **Objekterkennung:** Verwendung eines vortrainierten Modells zur Identifizierung von Objekten im Bild.

- **Ergebnisanzeige:** Darstellung des Originalbildes und des bearbeiteten Bildes, wobei die erkannten Objekte hervorgehoben werden.

Schlußfolgerung von Kapitel 9

In diesem Kapitel wurden die Leser in das Gebiet des maschinellen Sehens und seine Bedeutung in einer Vielzahl moderner Anwendungen eingeführt. Das Verständnis der wesentlichen Komponenten wie Bilderfassung, -verarbeitung und -analyse bietet eine solide Grundlage für die Entwicklung von Computer-Vision-Lösungen.

Die Erforschung der Techniken und Anwendungen zeigte, wie Computer Vision zur Lösung realer Probleme eingesetzt werden kann, von der

Gesichtserkennung bis zur medizinischen Analyse. Die Einführung in verfügbare Tools und Bibliotheken, wie OpenCV und TensorFlow, erleichtert den Zugang zur Entwicklung praktischer Projekte in diesem Bereich. Das praktische Beispiel der Implementierung einer Computer-Vision-Aufgabe bietet den Lesern die Möglichkeit, die erlernten Konzepte in einem realen Projekt anzuwenden und ihr Verständnis und ihre Fähigkeiten zu stärken. Mit diesem Wissen sind die Leser bereit, fortgeschrittenere Themen des maschinellen Sehens zu erforschen und zur Entwicklung innovativer und intelligenter Systeme beizutragen, die die Art und Weise, wie wir mit der visuellen Welt interagieren, verändern können.

Kapitel 10: Ethik und abschließende Gedanken in der Künstlichen Intelligenz

10.1. Die Bedeutung der Ethik in der Künstlichen Intelligenz

Beginnen Sie das Kapitel mit der Definition von Ethik im Zusammenhang mit künstlicher Intelligenz und warum dies ein entscheidender Aspekt ist, den es zu berücksichtigen gilt.

- **Definition von KI-Ethik**: KI-Ethik bezieht sich auf die Reihe von Prinzipien und Standards, die die Entwicklung und Implementierung von Technologien der künstlichen Intelligenz leiter, mit dem Ziel, sicherzustellen, dass ihre Anwendungen fair und verantwortungsbewusst sind und die Menschenrechte respektieren.

- **Bedeutung**: Da KI-Technologien immer mehr in den Alltag integriert werden, erfordern ihre sozialen, wirtschaftlichen und politischen Auswirkungen einen sorgfältigen ethischen Ansatz, um negative Folgen zu vermeiden.

10.2. Ethische Herausforderungen bei der Künstlichen Intelligenz

Beschreiben Sie einige der wichtigsten ethischen Herausforderungen bei der Entwicklung und Nutzung von KI.

- **Verzerrung und Diskriminierung**: KI kann bestehende Verzerrungen aufrechterhalten oder sogar verstärken, wenn die Trainingsdaten Verzerrungen enthalten. Beispiele hierfür sind Gesichtserkennungssysteme, die Angehörige von Minderheiten nicht korrekt identifizieren.

- **Datenschutz und -sicherheit**: Das Sammeln und Analysieren großer Datenmengen wirft Bedenken hinsichtlich der Privatsphäre der Nutzer und der Sicherheit personenbezogener Daten auf.

- **Transparenz und Erklärbarkeit**: Viele KI-Lösungen funktionieren als "Black Boxes", was es schwierig macht, zu verstehen, wie

Entscheidungen getroffen werden. Dies ist besonders wichtig in Bereichen wie Medizin und Strafjustiz.

- **Verantwortung und Verantwortlichkeit**: Im Falle eines Fehlers oder Ausfalls eines KI-Systems ist es unerlässlich zu definieren, wer verantwortlich ist – der Entwickler, das Unternehmen oder die Maschine selbst.

10.3. Leitlinien für die ethische Entwicklung von KI

Stellen Sie einige Richtlinien vor, die befolgt werden können, um die ethische Entwicklung von KI-Systemen zu gewährleisten.

- **Fairness**: Sicherstellung, dass KI-Systeme fair und diskriminierungsfrei gestaltet sind, wobei Vielfalt bei der Datenerhebung und Modellentwicklung berücksichtigt wird.

- **Transparenz**: Implementierung von Praktiken, die KI-Entscheidungsprozesse verständlicher machen und es den Nutzern ermöglichen, zu verstehen, wie und warum Entscheidungen getroffen werden.

- **Datenschutz**: Strenge Datenschutzmaßnahmen ergreifen und sicherstellen, dass die Nutzer die Kontrolle über ihre persönlichen Daten haben.

- **Verantwortlichkeit**: Richten Sie klare Rahmen für die Rechenschaftspflicht ein, die die Folgen von Entscheidungen, die von KI-Systemen getroffen werden, Einzelpersonen oder Organisationen zuschreiben.

10.4. Die Zukunft der Künstlichen Intelligenz

Erfahren Sie mehr über die Zukunftsaussichten von Künstlicher Intelligenz und die ethischen Implikationen, die sich daraus ergeben können.

- **Technologischer Fortschritt:** Diskussion darüber, wie die Weiterentwicklung von KI Branchen verändern, die Effizienz verbessern und neue Beschäftigungsmöglichkeiten schaffen kann, aber auch ethische Herausforderungen mit sich bringt, da Maschinen autonomer werden.

- **Mensch-Maschine-Kollaboration:** Es ist wichtig, ein gesundes Gleichgewicht zwischen Automatisierung und menschlicher Interaktion zu entwickeln und sicherzustellen, dass KI menschliche Fähigkeiten ergänzt, anstatt sie zu ersetzen.

- **Regulierung und Politik:** Die Notwendigkeit eines klaren Rechtsrahmens, um die Entwicklung und Nutzung von KI durch die Förderung ethischer Praktiken und den Schutz der Rechte des Einzelnen zu steuern.

10.5. Abschließende Erwägungen

Schließen Sie das Kapitel und das E-Book ab, indem Sie über die Reise des Lesers durch die präsentierten Inhalte nachdenken.

- **Zusammenfassung des Lernens:** Bekräftigen Sie die Bedeutung der Grundlagen der Programmierung, des maschinellen Lernens, der Verarbeitung natürlicher Sprache und des maschinellen Sehens und betonen Sie die Relevanz der Ethik in allen KI-Anwendungen.

- **Inspiration für die Zukunft:** Ermutigen Sie die Leser, ihre Erkundungen im Bereich der künstlichen Intelligenz fortzusetzen, indem Sie nicht nur ihre technischen Fähigkeiten, sondern auch ein ethisches Gewissen in ihre Projekte einbringen.

- **Aufruf zum Handeln:** Inspirieren Sie die Leser, proaktiv zu einer Zukunft beizutragen, in der künstliche Intelligenz verantwortungsvoll und ethisch entwickelt und eingesetzt wird, was der Gesellschaft als Ganzes zugute kommt.

Kapitel 10 Fazit

In diesem Kapitel wurden die Leser in die Bedeutung der Ethik in der künstlichen Intelligenz eingeführt und es wurden die Herausforderungen, die sich aus dem Einsatz dieser Technologien ergeben, und die für ihre verantwortungsvolle Entwicklung notwendigen Richtlinien angesprochen. Da sich KI weiterentwickelt und in die Gesellschaft integriert, wird ethische Überlegungen immer wichtiger.

Die diskutierten Leitlinien zeigen einen klaren Weg für die ethische Entwicklung von KI-Systemen auf und legen den Schwerpunkt auf Fairness, Transparenz, Datenschutz und Rechenschaftspflicht. Mit Blick auf die Zukunft ist es sowohl für KI-Entwickler als auch für Benutzer von entscheidender Bedeutung, eine ethische Haltung gegenüber den Technologien einzunehmen, die sie entwickeln und nutzen.

Materialzusatz

Ausdruck	Definition
Algorithmus	Eine Reihe von Anweisungen oder Regeln, die definiert wurden, um ein Problem zu lösen oder eine bestimmte Aufgabe auszuführen.
Sentiment-Analyse	Natural Language Processing (NLP)-Technik, die Meinungen oder Stimmungen, die in einem Text geäußert werden, wie z. B. positiv, negativ oder neutral, identifiziert und klassifiziert.
Big Data	Extrem große und komplexe Datensätze, die mit herkömmlichen Methoden nicht einfach verwaltet oder analysiert werden können.
Klassifikation	Ein Problem des maschinellen Lernens, bei dem das Ziel darin besteht, Daten basierend auf bestimmten Merkmalen in vordefinierte Klassen oder Gruppen zu kategorisieren.
CNN (Convolutional Neural Network)	Eine Art neuronales Netzwerk, das für die Verarbeitung von Daten mit einer Rasterstruktur entwickelt wurde, z. B. Bilder. Wird in Aufgaben des maschinellen Sehens verwendet.
Deep Learning (Aprendizado Profundo)	Ein Teilbereich des maschinellen Lernens, der tiefe neuronale Netze verwendet, um mehrschichtige Darstellungen von Daten zu lernen.
Begriffsklärung	Der Prozess der Identifizierung der korrekten Bedeutung eines Wortes oder einer Phrase in einem bestimmten Kontext.

Ausdruck	Definition
Datentechnik	Der Prozess der Aufbereitung und Umwandlung von Daten, damit sie von Algorithmen des maschinellen Lernens und der künstlichen Intelligenz verwendet werden können.
Fachwerk	Eine Reihe von Tools und Bibliotheken, die ein Entwicklungsframework bereitstellen, um das Erstellen von Anwendungen zu vereinfachen, z. B. TensorFlow und PyTorch.
Generierung natürlicher Sprache (NLG)	Ein Teilbereich von NLP, der sich darauf konzentriert, Text oder Sprache auf eine Weise zu erstellen, die für den Menschen verständlich und natürlich ist.
Hyperparameter	Parameter, die vor dem Trainieren eines Machine Learning-Modells definiert werden, den Lernprozess steuern und die Leistung des Modells beeinflussen.
KI (Künstliche Intelligenz)	Die Simulation menschlicher Intelligenzprozesse durch Computersysteme, einschließlich Lernen, Denken und Selbstkorrektur.
Allgemeine KI	Ein theoretisches Konzept der künstlichen Intelligenz, das in der Lage wäre, jede kognitive Aufgabe auszuführen, die ein Mensch ausführen kann.
Schwache KI	KI-Systeme, die für bestimmte und begrenzte Aufgaben entwickelt wurden, wie z. B. virtuelle Assistenten und Chatbots.

Ausdruck	Definition
Logik	Ein Zweig der Philosophie und Mathematik, der Prinzipien des gültigen Denkens untersucht. In der Programmierung ist die Logik grundlegend für die Konstruktion von Algorithmen.
Modell für maschinelles Lernen	Eine mathematische oder rechnerische Darstellung eines Problems, die aus Trainingsdaten erstellt wird.
NLP (Verarbeitung natürlicher Sprache)	Ein Bereich der KI, der es Maschinen ermöglicht, menschliche Sprache auf sinnvolle Weise zu verstehen, zu interpretieren und zu generieren.
Prognose	Die Verwendung eines maschinellen Lernmodells zur Schätzung zukünftiger Ergebnisse auf der Grundlage historischer Daten.
Neuronales Netzwerk	Ein Computermodell, das von der Struktur des menschlichen Gehirns inspiriert ist und aus miteinander verbundenen Neuronen besteht, die Informationen verarbeiten.
Regression	Eine Art von Machine Learning-Problem, bei dem ein kontinuierlicher Wert auf der Grundlage von Eingabedaten vorhergesagt wird.
Bildsegmentierung	Der Prozess der Unterteilung eines Bildes in signifikante Teile oder Bereiche für die Analyse, der häufig in der Computer Vision verwendet wird.
Modell-Training	Der Prozess des Trainierens eines Machine Learning-Modells mithilfe eines Satzes von Trainingsdaten, wobei seine Parameter angepasst werden, um Fehler zu minimieren.

Ausdruck	Definition
Transfer Learning (Aprendizado por Transferência)	Eine Technik im maschinellen Lernen, bei der ein Modell, das für eine Aufgabe trainiert wurde, als Ausgangspunkt für ein Modell für eine andere Aufgabe wiederverwendet wird.
Computer Vision	Ein Bereich der KI, der es Maschinen ermöglicht, die visuelle Welt zu interpretieren und zu verstehen, indem er Bilder und Videos verarbeitet, um aussagekräftige Informationen zu extrahieren.
Z-Wert	Ein statistisches Maß, das die Position eines Werts relativ zum Mittelwert einer Gruppe von Werten beschreibt und häufig zum Erkennen von Anomalien in Daten verwendet wird.

Diese Tabelle bietet einen klaren und übersichtlichen Überblick über die grundlegenden Begriffe und Konzepte im Zusammenhang mit Logik und künstlicher Intelligenz.

Referenzen und Literaturempfehlungen

Bücher

1. **"Künstliche Intelligenz: Ein moderner Ansatz"** - Stuart Russell und Peter NorvigEs ist eines der vollständigsten und angesehensten Bücher auf dem Gebiet der KI und deckt alles ab, von den Grundlagen bis hin zu fortgeschrittenen Anwendungen.

2. **"Deep Learning"** - Ian Goodfellow, Yoshua Bengio und Aaron CourvilleDieses Buch ist ein unverzichtbares Nachschlagewerk für das Verständnis von Deep Learning und deckt sowohl die Theorie als auch die Praxis ab.

3. **"Python Machine Learning"** - Sebastian Raschka und Vahid MirjaliliEin praktischer Leitfaden, der Ihnen beibringt, wie Sie Algorithmen für maschinelles Lernen in Python implementieren.

4. **"Pattern Recognition and Machine Learning"** - Christopher M. BishopEin umfassendes Buch, das eine detaillierte Einführung in die Mustererkennung und das maschinelle Lernen bietet.

5. **"Programming in Haskell"** - Graham HuttonEine ausgezeichnete Einführung in die Programmierlogik mit der Haskell-Sprache, die den Schwerpunkt auf die funktionale Programmierung legt.

Artikel und Papiere

1. **"The Ethics of Artificial Intelligence"** – Nick Bostrom und Eliezer Yudkowsky, ein Artikel, der die ethischen Implikationen von KI und die Bedeutung der Berücksichtigung der Ethik bei ihrer Entwicklung diskutiert.

2. **"Aufmerksamkeit ist alles, was Sie brauchen"** - Ashish Vaswani et al. In diesem Artikel wird das Transformer-Modell vorgestellt, das die Verarbeitung natürlicher Sprache revolutioniert hat.

Online-Ressourcen

1. **Coursera - Machine Learning von Andrew Ng**
   Coursera Machine Learning
   Ein kostenloser und sehr empfehlenswerter Kurs für Anfänger im Bereich des maschinellen Lernens.

2. **edX - Einführung in die Informatik und Programmierung mit PythonedX** Python-KursEin Einführungskurs, der Programmierlogik und grundlegende Programmierkonzepte abdeckt.

3. **Kaggle**
   Kaggle
   Eine Plattform für Data Science- und Machine Learning-Wettbewerbe, auf der Sie üben und von echten Datensätzen lernen können.

4. **Towards Data**
   Science Towards Data Science
   Ein Medium-Blog mit Artikeln zu KI, maschinellem Lernen und Data Science, die zugänglich sind und von Fachleuten auf diesem Gebiet geschrieben wurden.

Communities und Foren

1. **Stack Overflow**
   Stack Overflow
   Eine Entwickler-Community, in der Sie Fragen stellen und Antworten rund um Programmierung und KI finden können.

2. **Reddit - r/MachineLearning**
   Reddit Machine Learning
   Eine aktive Community von Enthusiasten und Fachleuten für maschinelles Lernen, die Neuigkeiten, Forschungsergebnisse und Projekte austauschen.

3. **AI Alignment Forum**

AI Alignment Forum

Ein Raum für Diskussionen über KI-Alignmert und ethische Fragen im Zusammenhang mit der Entwicklung intelligenter Systeme.

Herunterladbare Python-Codebeispiele

1. Grundlegende Programmierlogik

- **Beschreibung**: Ein einfaches Beispiel für Programmierlogik, die bedingte Strukturen und Schleifen veranschaulicht.

- **Código:** Download: logica_programacao.py

```python
# Exemplo de Lógica de Programação: Números pares e ímpares
for i in range(1, 11):
    if i % 2 == 0:
        print(f"{i} é um número par")
    else:
        print(f"{i} é um número ímpar")
```

2. Manipulation von Listen

- **Beschreibung**: Code, der zeigt, wie Listen in Python bearbeitet werden, einschließlich Hinzufügen, Entfernen und Iteration.

- **Código:** Herunterladen: manipulacao_listas.py

```python
# Exemplo de Manipulação de Listas
numeros = [1, 2, 3, 4, 5]
numeros.append(6)  # Adiciona um número
print(numeros)


numeros.remove(2)  # Remove um número
print(numeros)

# Iteração sobre a lista
for numero in numeros:
    print(f"Número: {numero}")
```

3. Maschinelles Lernen: Sortieren mit Scikit-learn

- **Beschreibung**: Ein grundlegendes Beispiel für die Klassifizierung mit dem Iris-Datensatz und dem KNN-Algorithmus.

- **Código**: Download: classificacao_iris.py

```python
# Exemplo de Classificação com Scikit-learn
from sklearn.datasets import load_iris
from sklearn.model_selection import train_test_split
from sklearn.neighbors import KNeighborsClassifier

# Carregando o conjunto de dados
iris = load_iris()
X = iris.data
y = iris.target

# Dividindo os dados em conjuntos de treino e teste
X_train, X_test, y_train, y_test = train_test_split(X, y, test_size=0.2, random_state=42)

# Treinando o modelo
modelo = KNeighborsClassifier(n_neighbors=3)
modelo.fit(X_train, y_train)

# Avaliando o modelo
precisao = modelo.score(X_test, y_test)
print(f"Precisão do modelo: {precisao:.2f}")
```

4. Verarbeitung natürlicher Sprache: Stimmungsanalyse mit NLTK

- **Beschreibung**: Ein Beispiel für eine Stimmungsanalyse mit der NLTK-Bibliothek.

- **Código**: Download: analise_sentimentos.py

```python
# Exemplo de Análise de Sentimentos com NLTK
import nltk
from nltk.sentiment import SentimentIntensityAnalyzer

# Baixando o pacote necessário
nltk.download('vader_lexicon')

# Analisando sentimentos
analisador = SentimentIntensityAnalyzer()
texto = "Eu amo programação! É tão gratificante."

resultado = analisador.polarity_scores(texto)
print(f"Resultado da análise de sentimentos: {resultado}")
```

5. Computer Vision: Kantenerkennung mit OpenCV

- **Beschreibung**: Ein Beispiel für die Kantenerkennung in einem Bild mithilfe der OpenCV-Bibliothek.

- **Código:** Download: deteccao_bordas.py

```python
# Exemplo de Detecção de Bordas com OpenCV
import cv2

# Carregando a imagem
imagem = cv2.imread('caminho/para/imagem.jpg', cv2.IMREAD_GRAYSCALE)

# Aplicando detecção de bordas
bordas = cv2.Canny(imagem, 100, 200)

# Mostrando a imagem com bordas
cv2.imshow('Bordas', bordas)
cv2.waitKey(0)
cv2.destroyAllWindows()
```

Schlussfolgerung

In diesem eBook erforschen wir die Grundlagen der Programmierlogik mit besonderem Fokus auf ihre Anwendung im Bereich der künstlichen Intelligenz. Von grundlegenden Logikkonzepten bis hin zu fortschrittlichen Techniken des maschinellen Lernens wurden die Inhalte so strukturiert, dass sie ein umfassendes Verständnis der wesentlichen Fähigkeiten vermitteln, die für jeden erforderlich sind, der in diesen sich ständig weiterentwickelnden Bereich einsteigen möchte.

Wir hoffen, dass die vorgestellten Praktiken, die Codebeispiele und die empfohlenen Ressourcen für Ihr Lernen nützlich waren. Der Weg in den Bereich der Programmierung und künstlichen Intelligenz kann herausfordernd, aber auch äußerst lohnend sein. Üben, experimentieren und lernen Sie weiter, und Sie werden neue Möglichkeiten und Möglichkeiten finden, Ihre Fähigkeiten anzuwenden.

Danke

Wir danken allen, die zur Realisierung dieses E-Books beigetragen haben. Zunächst einmal ein besonderer Dank an die Autoren und Forscher, deren Arbeiten als Referenz und Inspiration für diesen Inhalt dienten. Sein Engagement auf dem Gebiet der künstlichen Intelligenz und Programmierung ist entscheidend für den Fortschritt des Wissens.

Wir danken auch den Pädagogen und Fachleuten auf diesem Gebiet, die ihre Erfahrungen und Lehren geteilt und dazu beigetragen haben, die Zukunft neuer Programmierer und KI-Experten zu gestalten.

Zum Schluss noch ein Dankeschön an Sie, den Leser, dass Sie Ihre Zeit und Energie in das Lernen und Wachsen investiert haben. Wir wünschen Ihnen viel Erfolg auf Ihrem Weg in die Programmierung und künstliche Intelligenz!

Über den Autor

Paulo Fagundes ist ein IT-Experte mit leitender Erfahrung in den Bereichen Künstliche Intelligenz und Softwareentwicklung. Er verfügt über einen starken Hintergrund in Programmierlogik und maschinellem Lernen und hat an mehreren Projekten gearbeitet, die technologische Innovation und praktische Lösungen kombinieren.

Derzeit ist Paulo Chief AI Officer (CAIO) bei MakeAI Innovations, wo er Initiativen zur Entwicklung künstlicher Intelligenz leitet. Er ist außerdem als GenAI/Security Lead Prompt Engineer, AI Research Scientist, Master Machine Learning Engineer und Data Engineer tätig. Darüber hinaus ist er Inhaber der CodeXpert AI-Profile auf X und Instagram, wo er Einblicke und Ressourcen zum Thema Programmierung und KI teilt.

Mit einer Leidenschaft für das Unterrichten und Teilen von Wissen ist Paulo immer auf der Suche nach neuen Wegen, um komplexe Konzepte zu entmystifizieren und sie für alle zugänglich zu machen. Er glaubt, dass Bildung der Schlüssel zur Zukunft ist, insbesondere im Bereich der Technologie, wo Anpassung und kontinuierliches Lernen unerlässlich sind.

Sie können sich mit Paulo verbinden und seine Arbeit über sein LinkedIn-Profil verfolgen: Paulo Fagundes